001

002

003

004

005

006

007

008

MW00490654

009

010

011

012

013

014

015

016

017

018

019

020

021

022

023

024

025

026

027

028

029

030

031

032

033

034

035

036

037

038

039

040

041

042

043

044

045

046

047

048

049

050

051

052

053

054

055

056

057

058

059

060

061

062

063

064

065

066

067

068

069

070

071

072

073

074

075

076

077

078

079

080

081

082

083

084

085

086

087

088

089

090

091

092

093

094

095

096

097

098

099

100

101

102

103

104

105

106

107

108

109

110

111

112

113

114

115

116

117

118

119

120

121

122

123

124

125

126

127

128

129

130

131

132

133

134

135

136

138

137

139

140

141

142

143

144

145

146

147

148

149

150

151

152

153

154

155

156

157

158

159

160

161

162

164

163

166

165

167

168

169

170

171

172

173

174

175

176

177

178

179

180

181

182

183 184

185

186

187

188

189

190

191

192

193

194

195

196

197

198

199

200

201

202

203

204

205

206

207

208

209

210

211

212

213

214

215

216

A APPLE PIE

217

B BIT IT

218

C CUT IT

219

D DEALT IT

220

E EAT IT

221

F FOUGHT FOR IT

222

G GOT IT

223

H HAD IT

224

J JUMPED FOR IT

225

K KNELT FOR IT

226

L LONGED FOR IT

227

M MOURNED FOR IT

228

N NODDED FOR IT

229

O OPENED IT

230

P PEEPED IN IT

231

Q QUARTERED IT

232

R RAN FOR IT

233

S SANG FOR IT

234

T TOOK IT

235

UVWXYZ

ALL HAD A LARGE SLICE
AND WENT OFF TO
BED

236

237

238

239

240

241

242

243

244

245

246

247

248

249

250

251

252

253

254-259

260

261

262

263

264

265

266

267

268

269

270

271

272

273

274

275

276

277

278

279

280

281

282

283

284

285

286

287

288

289

290

291

292

293

294

295

296

297

298

299

300

301

302

303

304

305

306

307

308

309

310

311

312

313

314

315

318

316

319

320

317

321

322

325

323

326

324

327